AF229245

POUR ET CONTRE,

OU

EMBRASSONS-NOUS !

DE LA CRITIQUE LITTÉRAIRE , discours qui a concouru pour le prix d'Eloquence proposé par l'Académie française en 1814 ; par M. *Regnault de Warin* : broch. *in-8°*.

LA DERNIÈRE JOURNÉE DU CHEVALIER BAYARD , poëme qui a concouru pour le prix de poésie ; par le même auteur ; broch. *in-8°*.

Ces Ouvrages , qui se trouvent chez *Planchèr*, se vendent chez *Germain - Mathiot*, libraire , quai des Augustins , n° 25.

POUR ET CONTRE,

OU

EMBRASSONS-NOUS !

MÉMOIRE

ADRESSÉ AU ROI,

PAR M. REGNAULT DE WARIN.

Illiacos intrà muros pecatur et extrà.
HORAT. Epist. lib. 1; ep. 2, v. 6.

PARIS,

PLANCHER, RUE SERPENTE, N° 14;
DELAUNAY, LIBRAIRE, AU PALAIS-ROYAL.

JUILLET 1815.

SOUS PRESSE

(Pour paraître incessamment).

Les TROIS DERNIERS MOIS DE LA VIE POLI-
TIQUE DE L'EMPEREUR NAPOLÉON ; par
M. Regnault de Warin. 1 vol.

Cet ouvrage, puisé aux sources les plus vraies, offrira
des Détails piquans et des Considérations nouvelles sur

La première Abdication de l'Empereur ;

Le Séjour de Napoléon dans l'île d'Elbe ;
Son Retour en France ;

Ses Proclamations de Juan et ses Décrets de Lyon
(13 *mars*) ;

Les Opérations du Gouvernement royal et la retraite
du Roi ;

La Rentrée de Napoléon à Paris ;

La Dictature et les Commissions de haute Police ;

La Guerre civile du Midi et celle de l'Ouest ;

Le Séjour du Roi à Gand ;

L'Acte additionnel aux Constitutions de l'Empire ;

La Composition, la Réunion et les Actes de Champ-
de-Mai ;

L'Élection et les Opérations des Chambres ;

La *Campagne de Cinq jours*, les batailles de Ligny sous
Fleurus et de Mont-Saint-Jean ;

La seconde Abdication de Napoléon ;

L'Occupation de Paris, et la Rentrée du Roi.

POUR ET CONTRE,

ou

EMBRASSONS-NOUS!

DIEU, qui créa l'homme libre et despote, forma
son cœur d'une substance qu'un premier aperçu
fait paraître double, et dont l'organisation semble
contradictoire; mais qu'à un examen plus appro-
fondi l'on reconnaît d'une seule nature, et placée
dans une direction unique. L'indépendance n'est
en effet dans nous que le désir de la domi-
nation, comme l'exercice du pouvoir n'est que
le moyen le plus simple de jouir de la liberté.
Toutefois ce moyen perdrait en résultats défini-
tifs ce qu'il aurait acquis en énergie momentanée,
si le même sentiment qui en indiqua l'emploi, n'en
conseillait la conservation et la perpétuité par
des garanties. De ces garanties, les unes réelles
et palpables, peuvent être dues à la bonne foi,
mais souvent aussi à l'adroit calcul des détenteurs
de l'autorité; et comme leurs effets nécessaires
sont à la fois la sécurité de ceux qui les accordent
et le bien-être de ceux sur qui elles agissent, nul
doute qu'elles soient respectables. D'autres ga-

ranties, au contraire, accordées par l'ambition qui promet tout pour tout envahir, ou arrachées à la tyrannie qui tremble quand la liberté se réveille, sont illusoires, et ne peuvent prêter à la puissance, qu'elles semblent fonder et qu'elles minent en effet, qu'une existence précaire. Mais dans l'une et l'autre hypothèse, la foule des indépendances, trompées dans ses besoins, comprimées dans sa fermentation, essaie continuellement de réagir contre l'autorité qui la refréne. La société présente alors le spectacle d'une attaque collective et d'une résistance partielle : ceux qui demandent sont nombreux et ont ordinairement peu de tête et beaucoup de bras ; ceux qui ont à répondre possèdent souvent une tête forte, mais dont la défense est commise à des bras d'emprunt ; que ces bras fléchissent, la tête qu'ils protégeaient se courbe, et l'on voit paraître à sa place une ou plusieurs têtes qui se prétendent, et qui, par le fait, sont aussi respectables, tant qu'elles sont puissantes. Tôt ou tard l'opinion précipite ceux que la force avait élevés. Le mouvement naturel qui agite l'homme social et le ballote entre l'indépendance et l'autorité ; cette oscillation alternative se fait sentir, avec plus ou moins d'intensité, à travers le mécanisme social, qu'elle ne dérange que pour le régler ; et de siècles en siècles, de périodes en périodes, il résulte de deux affections qui ont une origine, un siége et un objet communs, la marche imposante de l'homme vers son développement ultérieur et la majestueuse harmonie de la société, entraînée par les passions de ceux qui la composent à son organisation la plus parfaite.

C'est de ce point de vue qu'il faut considérer le corps politique et ses mouvemens, si l'on veut obtenir une idée nette et des résultats positifs de son allure et de leur jeu. Celui qui se contente d'en examiner quelques parties isolées, loin de juger l'ensemble qu'il n'a pu saisir, disperse nécessairement des opinions partielles et hasardées. Je parle à un prince dont les lumières rayonnent dans une sphère trop élevée, pour que j'aie besoin de justifier auprès de lui ces spéculations transcendantes. Elles ont de tout temps occupé ses loisirs laborieux ; et aujourd'hui que la Providence appelle les Français à jouir des méditations dont ils étaient l'objet, c'est un devoir de soumettre à leur auguste auteur celles que son retour inspire à un Français. Si le roi les croit utiles, puisse-t-il les accueillir avec indulgence ! Et quel que soit d'ailleurs son sentiment sur l'écrivain qui lui offre ce tribut, puisse ce prince ne pas oublier que les opinions, produit éphémère des circonstances, expirent souvent avec elles, tandis que les principes, fruits d'une raison démontrée, demeurent éternels !

En tous les temps existe dans la société cette

lutte sourde entre ceux à qui la coutume de commander en a acquis le droit, et ceux qui voudraient prendre l'habitude de ne pas obéir. Afin de maintenir, de consolider, de propager même leur autorité, les premiers emploient tour à tour la force ou l'adresse, quelquefois la raison, rarement la bonté, plus rarement encore la vertu parlant par l'organe du génie. Pour échapper aux duretés de la contrainte, aux subtilités de la ruse, les seconds opposent les souplesses de la fraude, et par moment, les impatiences de la mauvaise humeur. Peu à peu cette humeur aigrie s'enflamme jusqu'à la colère; et s'il arrivait alors que la puissance, mal conseillée, fournît un nouveau motif au mécontentement, et que ce mécontentement, qui fermente dans tous les cœurs, trouvât un organe pour l'exprimer, le feu prendrait aux esprits échauffés, le cri d'indépendance publique se ferait entendre et la révolution commencerait. Où s'arrêtera-t-elle? quand l'autorité, soit tendresse, soit raison, aura modéré son action, peut-être même en aura distribué les ressorts de manière à n'en plus remettre le jeu à une seule main. Dans une concession si prudente, l'indépendance insurgée verra moins la certitude de jouir d'elle-même, que la faculté de partager avec des possesseurs exclusifs, peut-être même que la possibilité de les contrarier; car l'égalité dans les droits de l'indépendance équivaut, sous beaucoup de rapports, à la pleine jouissance des pouvoirs despotiques. Cette situation rétablit l'équilibre, rompu d'un côté par les envahissemens de la puissance, et de l'autre par l'agitation des subordonnés. C'est par une secousse passagère que l'ordre est ramené, et cette révolution qui a détruit des torts et des abus, n'en a produit aucun.

Mais qu'aux accens fiers, emportés, insolens même des opprimés qui demandent le bonheur, l'autorité réponde par de nouvelles oppressions, ou, ce qui est pis, par des promesses illusoires, par d'insultantes railleries; n'est-ce pas condamner la première commotion à parcourir graduellement une suite de périodes désastreuses? Aux conseils méconnus succèdent les rumeurs menaçantes; aux menaces dédaignées, de violentes tentatives; aux violences condamnées sans discernement et punies sans précaution, des attentats plus coupables et plus universels. Si de toutes parts se hérissent d'imprudentes résistances, sur tous les points aussi s'élancent des attaques destructives. Ce système, réciproquement hostile, manifeste des symptômes de tyrannie dans le pouvoir, de brigandage dans ceux qui le combattent. Aux coups de tonnerre du despotisme, l'indépendance répond par les coups de foudre de l'anarchie: dans cette agonie du corps social l'état touche à sa dissolution.

S'il y tombe, et qu'il ait pour voisins des états

rivaux ou conquérans, il ne tarde pas à devenir leur proie. Quelquefois aussi son morcèlement, effet inévitable d'un choc central, paraît être spontané. De ces débris épars se composent alors des états secondaires, dont le gouvernement reçoit, dans ses formes, les influences combinées de la position géographique, des facultés territoriales, de la population numérique et des mœurs habituelles de cette population. Le montagnard qui vit des produits fortuits de la chasse ou des productions végétales de ses rochers, adopte aisément les formes libres et simples de la démocratie; celles d'une aristocratie plus imposantes et plus compliquées semblent mieux convenir aux landes, qui, ne produisant rien d'elles-mêmes, offrent au commerce des entrepôts naturels, comme la mer qui les baigne, lui assure des routes d'échange et de circulation. Les provinces agricoles organisent une monarchie tempérée; et du milieu des hordes nomades que la guerre accoutuma au brigandage, s'élèvent une réputation féroce et un bras d'airain qui fixent leur humeur errante et plient au joug leurs fronts indomtés. L'histoire a consacré toutes ces métamorphoses politiques : c'est du tableau de leurs vicissitudes qu'elle tire son plus vif intérêt; et l'Europe, remuée dans ses fondemens, en présente aujourd'hui le spectacle imposant et terrible.

L'hypothèse contraire est néanmoins plus ad-
missible, parce quelle est plus fréquente, et que,
depuis vingt-cinq ans, elle se réalise sous nos
yeux. Quand les efforts de ceux qui s'agitent
pour conquérir leurs droits, ont causé la résistance de ceux qui prétendent conserver leur pouvoir, il résulte de ces secousses réciproquement
opposées, d'abord un malaise général qui se
change bientôt en convulsions partielles. A la
suite de quelques tentatives, plus ou moins mal-
heureuses, pour prolonger son existence défail-
lante, l'autorité, harcelée par des attaques itéra-
tives, cède au choc simultané de ses agresseurs;
elle tombe, et la foule victorieuse s'empare des
instrumens de la puissance, dont elle fait les tro-
phées de son triomphe. Première méprise qui en
dissipe les gages, en les livrant à la vanité indis-
crète, aux prétentions qui calculent mal, à l'igno-
rance présomptueuse, à l'inexpérience qui dédaigne les conseils, à l'imprévoyance incapable
d'utiliser les leçons. En effet, des passions qui
tour à tour saisissent le sceptre, ce sont les plus
insensées qui le gardent le plus long-temps.
S'il en est de généreuses, elles ne brillent qu'un
instant, et bientôt elles sont réputées coupables.
La démangeaison d'innover sans cesse, le besoin
de blâmer avec amertume, l'impossibilité de se
fixer, caractérisent cette première époque de l'a-
narchie. L'esprit sans règle amène rapidement

une conscience sans frein : la langue et les signes s'altèrent et présentent des expressions fallacieuses, par lesquelles le crime colore et justifie ses attentats. Le sang coule alors, et celui de l'homme vertueux se confond avec le sang des factions criminelles. La plus audacieuse règne une journée : au nom de la liberté, elle distribue des chaînes; au nom de la religion, elle prodigue les poignards; au nom de la morale, elle commet ou permet tous les forfaits. Qui sauvera l'état? qui réunira, qui ranimera ses lambeaux sanglans? La guerre.

Oui, la guerre, par qui se multiplie la mort, va rendre la vie à l'état expirant. Allumée par les excès des factions, elle s'est pourtant abstenue de les imiter. La nécessité acéra son glaive, et tant de lauriers le couronnent, que l'envie seule peut y chercher des taches. Cette condition est de rigueur; confierait-on l'honneur d'une nation à un bras déshonoré? Celui qu'elle invoque s'est illustré par des exploits; on lui suppose, on exige de lui des vertus. Modeste et ferme, il sort du milieu de ces dards décorés par la victoire : il élève au-dessus des factions déconcertées un étendart qui les rallie. De ce moment, la foule abdique à ses pieds le sceptre qui la fatigue : l'esprit de réorganisation circule dans tous les rangs; le tumulte se calme, l'ordre se rétablit par degrés; et peu à peu toutes les fonctions sociales, na-

guères interrompues ou discordantes, s'accom-
plissent simultanément et avec régularité. La société, dans cette situation, présente l'image d'un
homme qui joint à la fleur de l'âge le principe de
la vigueur: vainement quelque mal secret énerva
ses forces et flétrit sa jeunesse ; la nature puissante réserve, pour le sauver, des ressources in-
connues; et pourvu qu'un médecin expérimenté
sache les rappeler, il est rendu à l'existence et à
la santé.

Heureux le corps politique, si son médecin
n'abusait pas de l'existence qu'il lui a rendue, s'il
ne tournait pas à son avantage personnel la santé
qu'il vient de lui restituer! Mais l'habitude du
commandement a façonné au despotisme cette
âme indépendante; elle introduit dans l'administration civile le positif des camps. A l'instant cette
nation, digne de la liberté, en réclame l'exercice
d'une voix souveraine; et à l'instant aussi on lui
répond par un cri de guerre : « L'indépendance
» publique est menacée, l'honneur national est
» compromis. » Le peuple oublie ses chagrins :
de son sein jaillissent des trésors; de ses tribus
s'élance une armée. Son chef se montre, va combattre, sait vaincre, et revient tout chargé de
palmes en demander le prix. L'admiration fas-
cine tous les yeux ; du trône la reconnaissance
fait un autel auquel le despote enchaîne la liberté.
A compter de ce jour, une terrible égalité abaisse

son niveau sur toutes les têtes ; un glaive sanglant déchire les lois ; l'homme énergique blanchit d'écume le frein qu'on lui impose ; le timide devient muet, et tout tremble, hormis l'homme vertueux, dont le despote raille les soupirs impuissans. Les esclaves qui rampent sous ce trône de fer vantent la grandeur du maître ; et la stupeur qui engourdit les citoyens, ils l'appellent tranquillité.

Lorsque, par l'entraînement des circonstances, la société reçoit cette attitude à la fois menaçante et humiliée, les politiques à courte vue jugent que l'excès de cette double contrainte en va devenir le terme. L'histoire détruit souvent et confirme quelquefois cette prescience vulgaire. Quand la tyrannie emploie les préjugés sur lesquels elle agit, si celui qui l'exerce voit l'avenir dans le présent, il peut fonder le despotisme. C'est qu'il a trouvé dans les mœurs de ceux qu'il gouverne des élémens disposés pour ses combinaisons ; c'est que, dans l'arrangement de ces élémens, il obéit à l'ordre moral, qui est en politique l'ordre naturel ; c'est que la volonté de son caractère privé n'est que l'expression des sentimens publics ; c'est que la plus forte intensité du despotisme d'un seul assure à presque tous la plus grande somme de jouissances ; je dis à presque tous, parce qu'un tel gouvernement serait éphémère, sans le sacrifice possible d'une minorité précairement puissante à une majorité constamment besoigneuse et vindicative. Ce sacrifice est le lien nécessaire du maître avec les esclaves, comme les révoltes périodiques de ceux-ci sont le contre-poids obligé que les esclaves opposent aux aberrations du maître. C'est par ce mécanisme simple que se meuvent les empires d'Asie : c'est sur lui que Mahomet a fondé le sien. Combinaisons humiliantes pour l'orgueil européen qui analyse ses sensations, mais spécifiquement bonnes pour les peuplades indolentes, dont elles perpétuent les jouissances et semblent éterniser le repos.

Tel ne saurait être le despotisme né de l'illustration militaire qui le justifie un instant par le plus noble préjugé. Ne pouvant germer que dans une tête héroïque et s'exercer que sur un peuple généreux, il faut qu'il constate son existence par de gigantesques conceptions, et son ascendant par des entreprises inexécutables. Au premier bruit de ses projets, les nationaux poussent les clameurs de l'enthousiasme, les étrangers tombent dans le silence et quelquefois dans le découragement. Ces premières victoires sur l'opinion annoncent et garantissent toutes les autres. Bientôt ce ne sont plus des triomphes militaires qu'il faut au despote ; ce sont des conquêtes. Par les nœuds d'airain de la victoire, il attache des royaumes à son empire ; les souverains deviennent ses vassaux, et leurs trônes humiliés servent de marchepied au sien. Ici l'applaudissement de l'admiration semble réveiller la fierté. Tant de gloire concentrée sur une tête éblouit et commence à fatiguer. Le premier qui en fait la remarque trouve peu de contradicteurs : les puissances subjuguées, mais non défaites, invoquent, pour se relever, l'appui de l'opinion qui ne tarde pas à se faire entendre. La nation mécontente repoussera-t-elle les voisins indignés ? Non : elles les seconde de ses vœux, négligeant toutefois, par respect pour elle-même, de les soutenir de ses armes. Le tyran attaqué de toutes parts se réfugie en vain sur un trône miné dans ses fondemens ; ils tombent, ils s'écroulent ensemble, et les espérances de la liberté remplacent les illusions de la gloire.

Quelqu'origine qu'ait l'autorité qui succède à ce colosse despotique, elle sera légitime, car elle est appelée par les vœux universels ; elle le paraîtra surtout, si, à l'oppression qui serrait tous les cœurs, elle fait succéder la bonté qui les dilate. Le régime d'une paternité douce, quoique ferme, peut marquer le terme où s'arrêteront les entreprises du pouvoir, les prétentions de l'indépendance, les défiances mutuelles, les inquiétudes hostiles de la nation et de l'étranger. La paix et l'honneur doivent garder la frontière ; la justice et la liberté s'asseoir sur un trône patriarcal. L'heure sonne où semble se résoudre le problême de l'ordre combiné avec la liberté, de l'égalité sanctifiée par la loi. Ainsi se fonde et s'organise,

moins par la volonté des hommes que par la force
des choses et la marche du temps, une monarchie tempérée, dont le centre, formé par un trône
consenti, voit se grouper autour de lui les dif-
férens pouvoirs auxquels il sert de nœud commun, et qui sont également des barrières à ses
empiétemens possibles et des remparts contre
les envahissemens qui le menaceraient. Un tel
état de choses, qu'on peut appeler *médiatif*, pla-
çant toutes les institutions et tous les individus dans
un milieu où les désirs sont excités, sans jamais
être assouvis, doit paraître solide et devenir per-
manent. Que des agressions isolées tentent de le
troubler, si la cause qui les suscita n'est point in-
hérente à quelques-unes de ces attributions, ces
agressions ne feront que passer sans ébranler sa
solidité. Au contraire, l'esprit observateur saisira
cette sorte d'interrègne pour constater, pour véri-
fier ses remarques : il provoquera le génie de
l'expérience, afin que celui-ci en déduise des
essais d'amélioration. Et c'est ainsi qu'une crise,
qui a pu être aiguë, mais qui a dû être passagère,
fournissant l'occasion de rechercher les causes
du mal pour adopter les effets du bien, permet-
tra de n'employer dans l'édifice social que des
matériaux avoués par l'un, et de le nettoyer de
ceux que le démon du mal y aurait pu introduire.

Supposons qu'à la suite d'une semblable bour-
rasque, la France, encore forte quoique fatiguée,

manifestât impérieusement la volonté de fermer pour jamais le cercle ensanglanté que lui font parcourir des passions cupides ou généreuses, mais toujours ardentes et féroces ; supposons que, pour gage d'une résolution si sage, elle en confiât l'exécution au monarque, dont une épreuve de quelques mois lui fit connaître les intentions bienfaisantes, quel serait alors le devoir, quel pourrait être le rôle d'un citoyen qui, toute sa vie étranger aux factions, n'a jamais vu, dans la plus furieuse, que des frères égarés ? Le rôle, le devoir et le langage d'un homme qui s'abusa quelquefois sans doute, mais qui jamais ne trompa personne. Indépendant de tous partis dont il est incapable de prendre les livrées intéressées, il ne doit à tous que la vérité, dont partout il promena, à son préjudice, l'étendard épineux. Voici donc ce que sa conscience lui dicte et ce que leur oreille doit entendre. C'est par l'aveu sincère des torts réciproques qu'on s'amènera à des concessions alternatives, gages d'un oubli mutuel et nœuds indestructibles de la réconciliation. Cette réconciliation, jurée par tous les cœurs sur l'Évangile qui la prescrit, convient à l'intérêt qui la conseille, à la générosité dont elle est le triomphe. Quelles que soient vos opinions, Français, la patrie la réclame et le roi la demande ! Par elle seule nous parviendrons à résoudre le problème qui nous occupe et dont l'application nous intéresse tous.

Puisqu'il s'agit *de la Liberté*, sans laquelle la vie n'est qu'une végétation honteuse, et *de l'Ordre*, sans lequel la liberté n'est qu'une démence coupable, il s'agit aussi de tous les Français. En est-il un seul qui, de bonne foi, approuve la licence ou chérisse l'esclavage? La licence, par laquelle un génie vertueux peut tomber sanglant sous les coups de la multitude égarée ; l'esclavage, qui place sous la serre d'un tyran les nations sans défense! Non, si la fierté de notre caractère s'impatiente d'un joug absolu, la bonté de nos cœurs les rend amoureux d'un guide paternel et doux. Qu'il compte une longue suite d'aïeux, ou que son illustration personnelle motive notre choix, nous voulons, en échange de respect et d'amour, des égards et de la protection ; et abandonnant les théories aux disputes de l'école, nous pensons que la bonté d'un roi fait sa grandeur, comme nous avions jugé que notre bonheur justifiait sa légitimité.

C'est à la recherche de ce bonheur que viennent de s'écouler vingt-cinq ans d'efforts magnanimes, de contrariétés coupables, d'illustres infortunes. Depuis Henri IV, qui le fit entrevoir à la France, jusqu'à Louis XVI, qui ne put le lui donner, la France, toujours misérable, le réclamait toujours, parce que, dans sa noble confiance, elle donnait aux auteurs de ses maux le soin de les réparer. Avertie enfin de leur perfidie par le redoublement de ses souffrances, elle s'est levée avec indignation, elle a parlé avec menace, et, pour repousser les démentis de l'égoïsme, elle a frappé. Dès ce début du drame, dont le dénouement approche, toutes les opinions, préparées par les événemens et par les actes de six règnes contradictoires; toutes les idées, mûries par un demi-siècle de lumières et de réflexions, ont formé, ont décidé des partis distincts, et qui, sous des bannières différentes, mais avec des intentions, des projets et un but semblables, se sont trouvés en présence. Un seul de ces partis, si l'on peut désigner sous ce titre fractionnaire l'immense majorité de la nation, avait un objet aussi héroïque que raisonnable, la jouissance de ses droits : motif légitime, que compromit trop souvent la violence des moyens, et qui offrit un spécieux prétexte à celles de tous les partis. C'est ici, qu'en faisant la part des passions, une main juste doit assigner à chacun d'eux les torts auxquels elles l'entraînèrent. Toutefois cette distribution rapide et impartiale, se compose moins de reproches que de compensations : ce sont des aveux puisés dans la difficulté des circonstances, expliqués par l'opposition des caractères et la variété des prétentions, excusables surtout par ce mélange d'orgueil et de bassesse, de faiblesse et de fermeté, qui est tout l'homme. Hé bien, si de cet assemblage il est sorti des torts réciproques, ne peut-il, de la confession de ces torts, résulter des rapprochemens mutuels? Les discordances sur l'objet de la révolution, ont dû en prolonger la durée; l'accord unanime sur la nécessité de la terminer, doit en précipiter la fin. A travers quelques orages, dont elle est plutôt l'occasion que la cause, tout le monde sent que le dénouement, c'est-à-dire le calme, se développe, moins encore par les événemens, que dans les esprits. Ce calme est surtout le besoin des cœurs qui, pour le rendre aussi honorable que doux, cherchent, dans leur patriotique instinct, à extraire, à recueillir du mal causé par la révolution, tout le bien qu'elle a produit. Ce bien, ce sont les droits nationaux reconnus, c'est la dignité de l'homme assurée. Ainsi tombe, comme un échaffaudage désormais inutile, l'appareil révolutionnaire dont l'objet est rempli.

Que serait cependant cette tranquillité politique, sans l'abnégation, sans l'oubli même des opinions diverses ou contraires, dont le réveil la troublerait sans cesse? Je dis oubli, et j'insiste sur ce conseil qui me paraît, en matière de révolution, un axiôme démontré. Oublions donc nos erreurs, nos fautes, nos torts, je dirais presque nos crimes, puisqu'ils sont ceux de tous les partis, et qu'en me montrant généreux ou plutôt prévoyant, je donne à mon ennemi la grâce qu'il m'accorde. Voyez, dès ce moment, la paix de l'état se fortifier de la paix domestique; et quand l'union est rentrée sous les chaumes et dans les ateliers, voyez l'agriculture refleurir et le commerce rouvrir les sources de la prospérité. Si, fasciné par des espérances déçues, l'esprit de parti ne voyait, dans cette perspective, qu'un rêve philanthropique impossible à réaliser; s'il s'obstinait à vouloir l'impraticable, et surtout à haïr, il faudrait bien l'amener à l'indulgence par le sentiment de sa sécurité; et au défaut de l'oubli, il faudrait bien qu'il promît un pardon auquel, plus d'une fois, il fut heureux d'avoir recours. Le tableau esquissé de ses aberrations, qui forment avec son exigeance un contraste choquant, serait, devant le tribunal de l'opinion, un titre condamnable, et le déterminerait à une modération interressée.

Qu'est-ce en effet que la révolution? Cette question, uniforme pour tous les partis, trouvera, dans chacun d'eux, une réponse différente. Par la définition qu'il en donnera, gardez-vous de juger des causes, de croire avoir démêlé les moyens ou pouvoir apprécier le but; vous ne parviendrez pas même à connaître les faits qui s'altèrent, selon leur narrateur prévenu. Mais ce qu'il vous laissera pénétrer, c'est le mouvement secret qui l'anime : mouvement que modifient les circonstances, et qui tantôt se présente avec la consistance d'un principe, et tantôt avec la mobilité d'une opinion. Or, comme c'est dans l'intimité de celle affection que vous découvrirez les ressorts dont les événemens ne sont que les mobiles ou les effets, il suit que, si l'histoire de la révolution est dans les choses, toute sa physionomie est dans les sentimens. Qui, sachant les analyser avec sagacité, les attribuerait avec justesse à leurs véritables auteurs, aurait dévoilé ses principaux mystères, et révélé son esprit. Cet observateur, recueillant de tous côtés des explications à la question proposée, trouverait d'abord que le problême se complique à mesurequ'on le résout. Tel, en attribuant la révolution à une philosophie systématique, lui donnerait pour principe l'esprit d'analyse et le besoin de l'examen : ce serait prendre un moyen directif, pour une cause d'exécution. Tel, considérant le désordre des finances comme le mobile ultérieur de l'explosion politique, appellerait principe unique ce qui n'est qu'occasion partielle. Un parlementaire soutiendra que les édits bursaux ont tout ébranlé ; un ministériel, que les résistances du parlement ont tout avili. On fera intervenir la révolution d'Amérique pour expliquer celle de France; on indiquera même, comme son auteur principal, M. Necker qui ne fit qu'en décider l'époque, en accordant au tiers-état une double représentation. Le satirique, dont la censure imputerait cette grande commotion aux prétentions de tous les

2.

orgeuils, à l'activité de tous les égoïsmes, mettrait de la vraisemblance dans ses conjectures ; mais le moraliste rencontrerait encore mieux, en les justifiant par l'impatience du mal, par la recherche du bien, par le patriotisme qui les honore tous deux.

Déjà l'on commence à pressentir quelques-unes des affections qui, en accompagnant le mouvement révolutionnaire, ont semblé corrompre son principe et fausser sa direction. Continuez à interroger l'esprit de parti : en indiquant les sentimens naturels ou factices, qu'il a jetés, qu'il lance encore dans son cours, tantôt comme des véhicules qui l'accélèrent, quelquefois comme des bâtardeaux qui en font biaiser le fil, plus souvent comme des digues qui s'opposent à son écoulement, l'esprit de parti vous révélera le caractère de ses passions, le but de ses efforts, les mystères de son infernale politique. Voilà ses torts les plus réels ; mais il faut vite ajouter qu'ils sont aussi les plus excusables, puisqu'ils ont été communs à toutes les coteries et ont inspiré les crimes de toutes les factions. N'est-ce pas elles qui, toujours divergentes dans leur marche, quoique toujours identiques dans leur objet, ont tour à tour exalté jusqu'à l'apothéose et ravalé jusqu'à l'infamie, certains sentimens, bons en eux-mêmes, lorsqu'ils sont contenus et dirigés, mais dangereux, quand le

génie des révolutions les change en instrumens
séditieux ? Quoi de plus généreux que le patriotisme, de plus actif, de plus zélé que l'enthousiasme, de plus noble que la gloire ? L'esprit de
parti s'en empare, et de ces vertus des héros, il
fait des qualités de brigands. Le patriotisme alors
veut des meurtres, l'enthousiasme déifie des ty-
rans, la gloire est une renommée d'autant plus
vaste, que les attentats sont plus affreux. Qu'y
a-t-il de plus raisonnable que l'esprit de conservation, de plus doux que la paix, de plus affec-
tueux que l'amour de son roi ? Un démon fac-
tieux touche-t-il à ces sentimens si honnêtes ?
c'est pour les gâter. Le désir de la conservation
se concentre et devient un égoïsme jaloux, per-
fide et calomniateur ; l'amour du prince dégé-
nère en bassesse intéressée, et l'on colore du
beau nom de paix l'esclavage et les tributs hu-
milians. Ainsi, par deux routes opposées, mar-
che-t-on à l'avilissement de la patrie ou à sa destruction : extrémités déplorables, auxquelles chaque faction reconnaîtra son ennemie, et dont le
terme moyen, conseillé par la sagesse, est dans
une modération énergique. Toutefois cet expé-
dient, puisé dans une méditation consciencieuse,
ne conviendra qu'au courage de la probité :
comment amener à des transactions honorables
ceux qui, après vingt-cinq ans d'un spectacle où
toutes les passions ont joué tous les rôles, éta-

blissent comme une nécessité, que la révolution entreprise par la colère et combattue par la peur, doit céder à la honte et se terminer par l'ennui ? C'est d'abord cette objection qu'il faut combattre; mais il suffit de l'exposer pour la résoudre.

Admettons la première partie de l'assertion, rectifiée cependant par une réponse impartiale à cette demande : *Qu'est-ce que la révolution ?* C'est, dira l'histoire, une entreprise dont l'objet, d'abord simple, fut de renverser les servitudes du régime féodal et les abus de l'arbitraire; ensuite de leur substituer le règne uniforme et constant de la loi, consentie par la volonté publique, et exprimée par ses fondés de procuration : entreprise qui fut en effet commencée par une indignation sainte, une résolution forte et un assentiment presque universel; mais qui en effet aussi fut combattue par la peur, dont le succès possible frappait une minorité accoutumée à vivre des abus attaqués. Vingt-cinq ans d'hostilités permanentes, quoique ralenties par intervalles, ont démontré la constance de cette colère, justifiée d'ailleurs par l'opiniâtreté d'une terreur également prolongée. L'une, toujours en ligne, assiégeait de front et dirigeait des batteries franches et positives; l'autre, retranchée sans cesse, échappait aux agressions par le silence, aux combats par la retraite, à une affaire décisive par des répits. Ce qu'exigeaient expres-

sément les uns, nous venons de le dire ; ce qu'au-
raient désiré conserver les autres, nous allons
l'indiquer. Mais si, du courage des premiers à
demander, et de la faiblesse des seconds à n'ac-
corder qu'à regret, il résulte plus d'un tort ré-
ciproque et des malheurs communs, il ne s'en-
suit pas qu'une fausse honte peut les dissimuler,
ni qu'un stupide ennui doit les ensevelir. Avec
eux s'anéantiraient aussi des souvenirs glorieux,
et il ne faut pas faire cet affront à la vertu. Un
coup d'œil rapide sur la marche simultanée des
deux partis, signalant, avec les qualités qu'ils y
déployèrent, les fautes qu'ils y commirent, indiquera le bien qu'on en peut tirer pour l'avantage de tous. Le Roi, que son ancienne position
fit long-temps supposer chef d'un de ces partis ;
le Roi, que sa position nouvelle semble placer
nécessairement à la tête de l'autre, verra avec
satisfaction un système qui neutralise, dans tous
deux, le venin passionné qui les aigrit, en con-
servant les affections généreuses qui les honorent.

De tous temps il a existé, dans tous les temps
il existera un parti d'action qui gouverne ; un
parti d'opposition qui, selon les occurences,
voudrait gouverner ou ne pas être gouverné ; un
parti d'opinion qui, soumis lui-même aux influences politiques, exerce sur les deux autres
l'ascendant irrésistible de la morale, et par elle
les dirige tous deux souverainement. De ce me-

canisme, dont le jeu est plus ou moins sensible, et dont le spectacle est continuellement sous nos yeux, résulte l'harmonie sociale qui, comme tous les concerts, se compose d'équilibres dans les masses, de contrastes dans les détails Il arrive quelquefois que le parti de l'opposition, devenu plus puissant par les secours de l'opinion, rompt tout à coup l'équilibre et s'empare de l'action. Celle-ci changeant de fonctions, ainsi que de place, saisit naturellement celles que son antagoniste ne peut plus occuper; et l harmonie, altérée un instant par cette mutation, se rétablit, quoique dans une direction inverse. L'opinion, toujours arbitre et souvent auteur de ces mouvemens, en renouvelle-le jeu autant de fois, qu'elle même reçoit d'un principe nouveau, une autre marche et, pour ainsi dire, une nouvelle existence. Celle du corps politique dépend donc entièrement de ce principe : destructeur, lorsqu'il est le produit des passions égoïstes; conservateur, quand il est créé par le génie et dirigé par la vertu.

Appliquons cette théorie à la révolution française. Deux partis y ont concouru : l'un en l'entreprenant, la continuant, la dirigeant; l'autre en s'y opposant, la suspendant, la détournant. Le premier, armé de paradoxes libéraux, attaquait le pouvoir et voulait les ériger en maximes pratiques; le second, cuirassé de préjugés coutumiers, les opposait aux innovations, et attestait l'usage pour preuve et pour garantie de ses droits. Tant que l'opinion avait soutenu ces derniers, ils semblèrent incontestables ; abandonnés par elle, ils furent soumis à l'examen : et comme en matière politique la possession, même légale, ne vaut titre qu'appuyée sur une propriété légitime, il fut reconnu que la prescription faisait la principale force de celle-ci. Mais prescrit-on contre la vérité, et l'abus peut-il devenir un droit ? L'opinion, d'accord pour cette fois avec la raison et la justice, décida contre les résistances de l'autorité en faveur de l'opposition. On démontra que ses prétentions étaient fondées, et que les refus de son adversaire ne l'étaient plus. Dès-lors la lutte s'engagea ; et comme les passions s'enflammèrent, elle devint sanglante. Des violences réciproques entraînèrent de désastreuses représailles ; la roideur de la défense irrita la colère de l'agression ; et tandis que d'une part on essayait de maintenir l'ordre en opprimant tout, de l'autre on déchaînait l'anarchie en proclamant la liberté.

La *Liberté* et *l'Ordre*, tels sont en effet les principes des deux partis de la révolution. L'Ordre, héritier circonspect des temps, dont il ne devance ni ne précipite la marche ; régulateur exact et conservateur méthodique des choses, qui sont bonnes à son gré, par cela seul qu'elles sont ; ennemi négatif de ce qui n'est pas, par le seul motif qu'il n'est pas ; vieillard grave, lourd et froid, qui pense peu, n'imagine rien, a horreur des entreprises et du mouvement, et poussé par le poids machinal des coutumes, glisse en silence dans l'ornière de l'habitude ; la Liberté, pour qui les innovations, le tumulte, les chocs sont des besoins et des plaisirs ; qui, d ns l'ardeur de ses passions réformatrices, dédaigne l'expérience et méprise la circonspection ; amazone belliqueuse et fière, qui, la flèche de Guillaume Tell à la main, appelle les nations à l'indépendance, et compte pour peu les crimes du temps et les malheurs de l'homme, quand ils sont rachetés par la conquête de ses droits.

Le parti de l'*Ordre*, consolidé par les *Préjugés*, a pour objet le maintien des *Priviléges individuels*, et pour cri : L'HONNEUR !

La faction de la *Liberté*, étayée par des *Paradoxes*, a pour but la restauration des *Droits communs*, et pour devise : LA PATRIE !

Les idées anciennes, les intérêts nouveaux animent les membres de chacune de ces fractions.

Partie raison, partie violence, les *libéraux* ont fait d'immenses conquêtes sur leurs adversaires ; soit justice, soit adresse, les *illibéraux* en ont recouvré plusieurs ; de manière que les prétentions et les projets d'un côté, les regrets et les refus de l'autre, se prolongent et enveniment les hostilités.

Toutefois, quoique personne ne veuille céder,

tout le monde se sent fatigué; celui qui, sauvant les amours propres qui murmurent, ouvrirait un accommodement, serait entendu.

Eh bien! cet accommodement est tout dressé. Au milieu des deux factions belligérantes et de leur sein même, un *Tiers-Parti* s'est formé : il se compose d'hommes que l'extrême liberté n'a point enivrés, que l'ordre extrême n'a pu enrouiller, qui furent accessibles aux lumières philosophiques du siècle, mais qui n'ont point rejeté la raison expérimentale des âges précédens. Ces hommes, également éloignés des révoltes d'une adolescence licencieuse et de l'entêtement des routines gothiques, jouissent de toute la plénitude de la virilité politique, et sont prêts à féconder le sein de notre mère commune. La patrie est donc aussi leur divinité; mais à son culte, sacré pour les Français, ils joignent le sentiment énergique et délicat de l'honneur. L'inscription d'HONNEUR ET PATRIE, qu'on lit sur leur bannière pacifique, garantit que, des préjugés éclaircis et des paradoxes utilisés ils ont combiné des *Principes usuels*, qui, soumettant la Liberté à l'Ordre, résolvent tout à la fois le plus épineux des problèmes sociaux , et l'inexplicable nœud de notre révolution.

L'opiniâtreté, effet machinal d'une conviction communiquée, caractérisait le tranquille parti de l'Ordre et des Préjugés; celui des Paradoxes et de la Liberté se signalait par l'exaltation plus ou moins dangereuse que produit, même dans les cœurs généreux, le ferment des passions. Une persuasion intime, une raison éclairée, une puissance réelle de volonté et d'action, distinguent les hommes à Principes, amis sûrs de l'Ordre et de la Liberté. Ce que les siècles comptent de génies vertueux a formé le noyau autour duquel ils se rallient ; ce que la génération considère par tous les motifs qui justifient l'estime, grossit leur noble phalange. Je n'en designerai aucun, parce qu'au milieu du tourbillon qui bouleverse encore la société, il n'est personne qui n'en puisse remarquer quelques-uns. Ils sont recommandables par leur sage immobilité au sein de tant d'agitations folles. Ceux que le mouvement a portés aux places n'ont vu, dans l'exercice de leur précaire autorité, qu'un moyen de retarder la dissolution générale. Les autres, gémissant sur les erreurs de l'entêtement, sur les attentats de l'ambition, ont attendu le moment où, dans le silence des passions qui s'éloignent, la voix de la modération serait entendue. Qu'elle retentisse donc cette voix énergique autant que rassurante ! qu'elle frappe toutes les oreilles ! qu'elle parle à tous les intérêts ! qu'elle persuade tous les partis et entraîne tous les cœurs !

Oui, c'est *la Modération* qui terminera la révolution. Durant toutes les phases de ce phénomène politique, la modération des caractères doux et fermes a tempéré les fureurs des partis, et ralenti leur action destructive de toute civilisation. Aujourd'hui que l'impulsion des événemens, après avoir rassemblé dans un court espace et sur un point circonscrit, tous les élémens des tourmentes révolutionnaires, a, par cette réunion même, déterminé leur crise décisive, la modération des esprits, unie à celle des caractères, la conduira à son terme irrévocable. Ce terme est le repos dans la liberté.

Le Roi le promet et l'opinion le commande. Votre sagesse, sire, ne croira pas, qu'au gré de quelques adulateurs intéressés, la France demande à s'endormir sans lois dans vos bras. Où pourrait-elle être mieux cependant, si ces bras paternels ne se lassaient jamais? Mais les monarques sont aussi des hommes; et les spéculateurs, adroits à provoquer leurs faiblesses, ne sont pas moins habiles à en profiter. Il faut donc des lois qui préviennent leur ambition cupide, et rassurent contre elle la nation toujours prête à devenir leur proie. Cette vérité de théorie, votre majesté, dès la première époque de son gouvernement, l'a réduite à une pratique exacte. Votre Charte conserve à la France cette législation représentative, qu'elle avait voulue à l'origine de la révolution; système qu'elle a consacré par vingt-cinq ans d'usage solennel, et pour lequel elle a prodigué tous les sacrifices. C'est que, comme votre majesté et tous les publicistes éclairés, la France croit que ce mode d'administration est le seul qui, par un juste équilibre des droits de la nation, de la prérogative du prince et des pouvoirs des magistrats, garantisse les libertés publiques. Toutefois, si le principe et la nature de ces libertés sont indestructibles, la forme sous laquelle le rédacteur des lois en présente l'expression et en stipule les garanties, peut et doit varier selon les temps et les lieux. Depuis la grande Charte des Anglais, jusqu'au *Bill* des Droits proposé dans ces derniers temps, toutes les sanctions nationales, c'est-à-dire tous les contrats politiques qui unissent les gouvernemens aux gouvernés, reposent sur un petit nombre d'axiômes d'une évidence presque géométrique. L'intérêt personnel, toujours en opposition avec la volonté générale, a pu souvent remettre en problême ce que la raison avait démontré, ce que les faits avaient décidé plus incontestablement. Mais votre majesté, qui a obéi aux principes, en les donnant pour base à son administration, cédera à l'opinion et à sa propre sagesse, en réformant dans l'Acte constitutionnel ce que l'expérience y a montré de défectueux. D'une main également ferme et circonspecte elle en parcourera toutes les parties : les unes pour les modifier, selon la disposition des esprits ; les au-

tres, pour y ajouter, suivant les besoins de l'état ;
toutes pour les coordonner à un plan, dont la
méthode, déduite de l'unité, qui assure l'énergie, rassemble les détails qui satisfont la prévoyance, sans nuire à la simplicité majestueuse
qui convient à la législation d'un grand empire.
A ce premier bienfait, dont le temps développera
l'influence graduelle, vous ne craindrez point
d'ajouter le bienfait d'une discussion solennelle
et d'une acceptation libre. Qu'à ce dernier mot
quelques courtisans se récrient, poussés par des
préjugés gothiques, ou par des retours d'é-
goïsme : pour vous, sire, qui par l'initiative de
législateur, que votre patriotisme et vos lumières
vous ont fait prendre parmi les rois, avez su
vous élever à des considérations universellement
libérales, vous garderez cette attitude *médiative*
et déploierez ces intentions conciliantes qui rat-
tachent à un nœud commun les idées anciennes
et les intérêts nouveaux. Si, par les unes, la source
de la puissance active émane de la royauté, le
réservoir de l'opinion, cette souveraineté morale, se forme, selon les autres, parmi les nations,
et se distribue en obéissant à leur marche pro-
gressive : nulle dans les âges de la barbarie ;
inerte dans les essais hasardés de la civilisation ;
plus mobile, quand plus de lumières pénètrent
sa masse ; agissante et impérieuse, lorsque de
hauts intérêts remués embrasent son foyer. *Or,*

sire, telle est sa situation actuelle. Bravant tous les obstacles, plus forte même par eux, elle a dégagé des excès qui souillèrent la révolution, les principes qui la firent entreprendre, l'objet qui la feront terminer. Cet objet, ces principes sont reproduits dans les motifs de votre Charte; ils sont exprimés dans ses dispositions, dont votre prévoyance circonscrira l'étendue aux besoins de la société, et qui, fixées par le double organe de la représentation publique, deviendront invariables par le consentement universel. Présenter à son vœu l'œuvre qui le satisfait, par le bien de tous, n'est-ce pas vous assurer, en échange de l'amour que vous nous portez, la plus tendre reconnaissance?

Ce même amour et cette providence royale qui tient vos yeux ouverts sur tous, ont convaincu votre majesté que l'ascendant des abstractions, discréditées par de déplorables essais, devait céder au pouvoir des institutions positives. Celles de la politique organisent l'état; il en faut de morales pour régénérer une nation; et parmi les établissemens dont la saine philosophie réclame l'introduction chez nous, celui de l'enseignement primaire, l'uniformité des méthodes instructives et la liberté de l'instruction privée tiennent le premier rang. C'est par l'éducation seule qu'on peut reprendre sous œuvre l'édifice ébranlé de la civilisation.

Cette civilisation, qui a vu son ordre troublé et sa hiérarchie renversée, ne se relèvera elle-même, ne se consolidera de nouveau que par une législation qui, au défaut des mœurs, rende à la société ses rangs naturels, circonscrive à chaque classe le cercle qu'elle doit parcourir, prescrive les moyens légitimes pour le franchir, et coordonne la démocratie des passions au despotisme de la loi. Peut-être ce sera la seule voie de rapprochement entre les régimes anciens, dont les traces se montrent de toutes parts, et le régime nouveau mal cimenté sur les ruines de l'ancien. Ce moyen terme qui doit amener, par la fusion des préjugés transmis et des préjugés acquis, la réunion, ou, pour mieux dire, la destruction des partis, me semble d'une haute et décisive importance, et digne des plus sérieuses méditations de votre majesté.

Serait-il même si déraisonnable de demander que son emploi précédât l'organisation politique ou du moins concourût avec elle à la régénération? Moins que jamais nous pouvons dire que les lois ne sont rien sans les mœurs, puisque, dans tous les sens, les mœurs manquent aux lois. Toutefois cette base couverte de débris, ne peut-elle se retrouver dans la législation? Quand Mentor prescrivit à Salente l'ordre qui devait la régler, la constitution politique de cette colonie n'avait pas précédé son arrangement moral; peut-être sommes - nous arrivés à une époque semblable : nous bâtissons de tous côtés, et le désordre de la foule, qui manque d'asile, monte jusqu'aux architectes. Définissons les termes et rétablissons les rangs.

C'est ainsi qu'avant de se constituer comme nation, l'Angleterre a limité les classes de ses peuplades. Il est des habitans, avant qu'il soit des citoyens : quand, en l'absence des mœurs que le temps fait, les premiers empruntent des lois l'arrangement intérieur qui va les régir, cet arrangement prépare aux seconds l'ordre politique qui perpétuera leur existence. Nous en sommes là.

Déjà les premières assises ont été reconnues, et les bases fondamentales ont été posées. Cependant, l'on peut demander si la séparation, la répartition, l'équilibre des pouvoirs publics ont attribué à chacun d'eux une sphère tout à la fois égale à son objet, indépendante des pouvoirs émules et dépendante d'un principe unanimement reconnu ? On peut chercher l'existence légale et déclarée du pouvoir national, d'où émanent tous les autres, et auquel ils retournent. On s'inquiète de voir livré à la versatilité des événemens le pouvoir électoral, jusqu'alors indéfini, faussement attribué, illégitimement exercé. On désire plus de précision dans la définition de nos libertés, moins d'incertitude dans leur usage.

On craint l'ascendant de la puissance royale sur la conscience des tribunaux qui sont son ouvrage. On redoute l'action lente, mais forte et continue, de corps intermédiaires que l'autorité de Montesquieu et l'exemple de la Grande-Bretagne semblent avoir consacrés, mais dont l'aristocratie ne paraît devoir se neutraliser que dans l'hérédité. On souhaiterait aussi qu'une autorité, ou, pour mieux dire, une influence conservatrice, planât sur tous les pouvoirs, pour tempérer, pour régulariser leurs mouvemens, et pour les ramener à l'unité d'action, en redressant leur divergence éventuelle. Enfin l'on voudrait que l'armée, essentiellement nationale, reçût tout à la fois le joug d'une discipline salutaire, et l'usage modéré des droits qu'elle défend.

Tels sont, sommairement, quelques-uns des grands objets soumis aux méditations du Roi, aux lumières de son conseil, aux délibérations des Chambres. De cet accord dans les volontés, de cette identité de vues dans la puissance, il peut résulter un chef-d'œuvre qui fixe enfin les destinées de la France, et mérite l'assentiment de l'Europe. Tous les germes de ce chef-d'œuvre sont dans la Charte, qui, dans le naufrage du navire de l'Etat, devient son ancre de miséricorde. Rallions-nous donc à elle; et après avoir balancé, dans la conduite des partis, le *Pour* et le *Contre*, pardonnons-nous, oublions nos torts; et entraînés par la religion, autant que conseillés par la politique, EMBRASSONS-NOUS! (1)

---

(1) L'éditeur de cet opuscule saisit l'occasion de sa publication pour renouveler, *au nom de M. REGNAUIT DE WARIN*, un désaveu que cet auteur a publié, il y a dix ans, dans les journaux, dans ses *Loisirs littéraires* et dans l'*Homme au Masque de Fer;* désaveu plus solennellement réitéré il y a quinze mois, à la tête de plusieurs brochures, par une circulaire et une note insérée dans les journaux; cette déclaration, adressée authentiquement aux autorités et à la direction de la librairie, proteste « contre les altérations partielles du *Cimetière de la Ma-* » *deleine*, et contre la falsification presque totale des *Prisonniers du Temple;* ce qui n'a pas empêché les auteurs de quelques brochures nouvelles, telles que l'*Histoire secrète de Coblentz*, la *Correspondance de Louis XVIII*, la *Conspiration du Comte de Lille*, etc., et l'auteur du *Censeur* (6ᵉ vol.) de reproduire comme authentiques, différentes pièces qui, pour cela seul, leur devaient paraître suspectes. Depuis l'époque où M. Regnault de Warin, à la suite de plusieurs détentions occasionées par la publication du *Cimetière de la Madeleine* et du *Contemplateur*, a subi l'examen le plus rigoureux de sa conduite et de ses papiers, il est injuste d'appeler sur sa tête une responsabilité qui, par la véracité et la publicité de ses protestations, doit passer toute entière sur la tête des écrivains qui le compromettent en copiant et en lui attribuant ce qu'il a désavoué.

DE L'IMPRIMERIE DE Mᵐᵉ Vᵉ JEUNEHOMME, RUE HAUTEFEUILLE, Nᵒ 20.